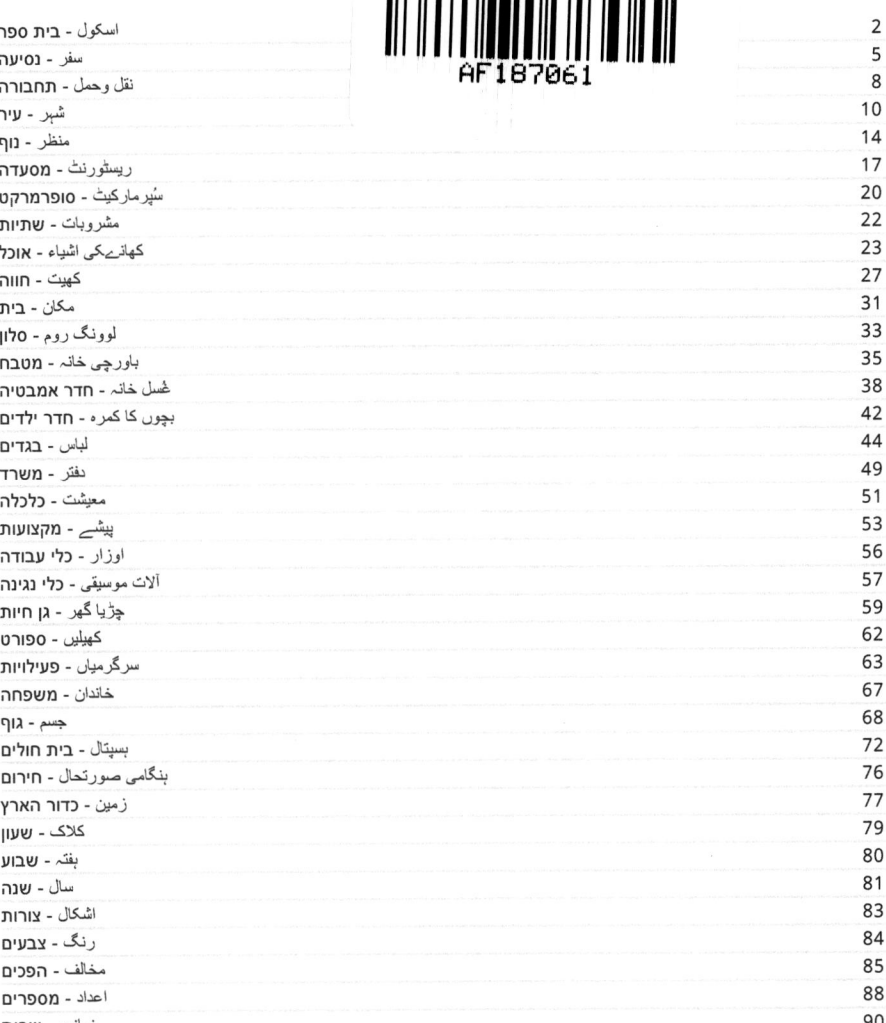

Impressum
Verlag: BABADADA GmbH, Nedderfeld 112 , 22529 Hamburg
Geschäftsführer / Verlagsleitung: Harald Hof
Druck: Books on Demand GmbH, In de Tarpen 42, 22848 Norderstedt

Imprint
Publisher: BABADADA GmbH, Nedderfeld 112 , 22529 Hamburg, Germany
Managing Director / Publishing direction: Harald Hof
Print: Books on Demand GmbH, In de Tarpen 42, 22848 Norderstedt

בית ספר

اسکول

כיתה
کمرہ جماعت
חילק
تقسیم کریں
186/2
לוח
بورڈ
מורה
اُستاد
سکول کا صحن
נייר
کاغذ
כתב
עט
قلم
שולחן עבודה
میز
סרגל
پیمانہ
ספר
کتاب
תלמיד
شاگرد

עיפרון

پینسل

קלמר

پینسل کیس

ילקוט

بستہ

חוברת סרטוט

ڈرائنگ پیڈ

גומי מחיקה

ربڑ

מחדד

پینسل شارپنر

2

קופסת צבעים

....

پینٹ باکس

מברשת

....

پینٹ برش

סרטוט

....

ڈرائنگ

ספר תרגול

....

مشق کی کاپی

דבק

....

گوند

מספריים

....

قینچی

חיבר

....

جمع کریں

מספר

....

ہندسہ

שיעור בית

....

ہوم ورک

חישב

....

شمارکریں

הכפיל

....

ضرب دیں

חיסר

....

منفی کریں

מילה

....

لفظ

ABCDEFG
HIJKLMN
OPQRSTU
VWXYZ

אלפבית

....

حروف تہجی

A

אות

....

خط

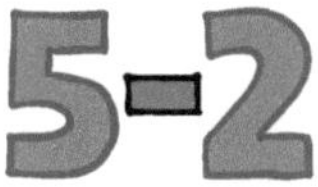

גיר

چاک

קרא

پڑھنا

טקסט

متن

מבחן

امتحان

יומן נוכחות

اندراج

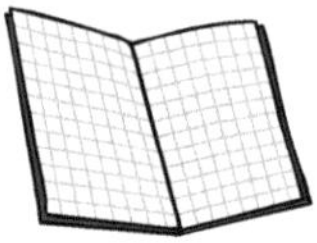

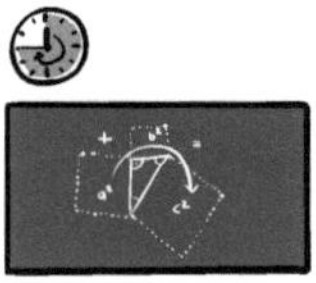

שיעור

سبق

חינוך

تعلیم

תלבושת בית ספר

سکول یونیفارم

תעודה

سند

מיקרוסקופ

خورد بین

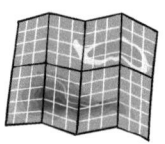

אוניברסיטה

یونیورسٹی

אנציקלופדיה

انسائیکلوپیڈیا

סל נייר

ویسٹ پیپرباسکٹ

מפה

نقشہ

נסיעה

سفر

מלון
הוסטל
ہاسٹل
המרת מטבע
رقم تبدیل کرانے کیلئے دفتر
מזוודה
سوٹ کیس
אוטו
کار

בסדר

ٹھیک ہے

כן / לא

ہاں / نہیں

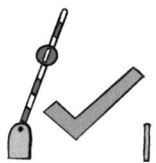

שפה

زبان

תודה

شُکریہ

מתרגם

مُترجم

שלום

ہیلو

בעיה

مشکل

אני לא מבין

میں نہیں سمجھتا

כמה עולה.....?

..... کی کیا قیمت ہے؟

לילה טוב!

شب بخیر!

בוקר טוב!

صبح بخیر!

ערב טוב!

شام بخیر!

כבודה

سفری سامان

כיוון

سمت

להתראות

الوداع

אורח

مہمان

תרמיל גב

بیگ پیک

תיק

بیگ

אוהל

ٹینٹ

שק שינה

سلیپنگ بیگ

חדר

کمرہ

מרכז מידע לתיירים

سياحوں کے لئے معلومات

חוף ים

ساحل

כרטיס אשראי

کریڈٹ کارڈ

ארוחת בוקר

ناشتہ

ארוחת צהריים

لنچ

ארוחת ערב

ڈنر

כרטיס

ٹکٹ

מעלית

لفٹ

בול

مُہر

גבול

سرحد

מכס

کسٹمز

שגרירות

سفارت خانہ

אשרה

ویزا

דרכון

پاسپورٹ

תחבורה

نقل وحمل

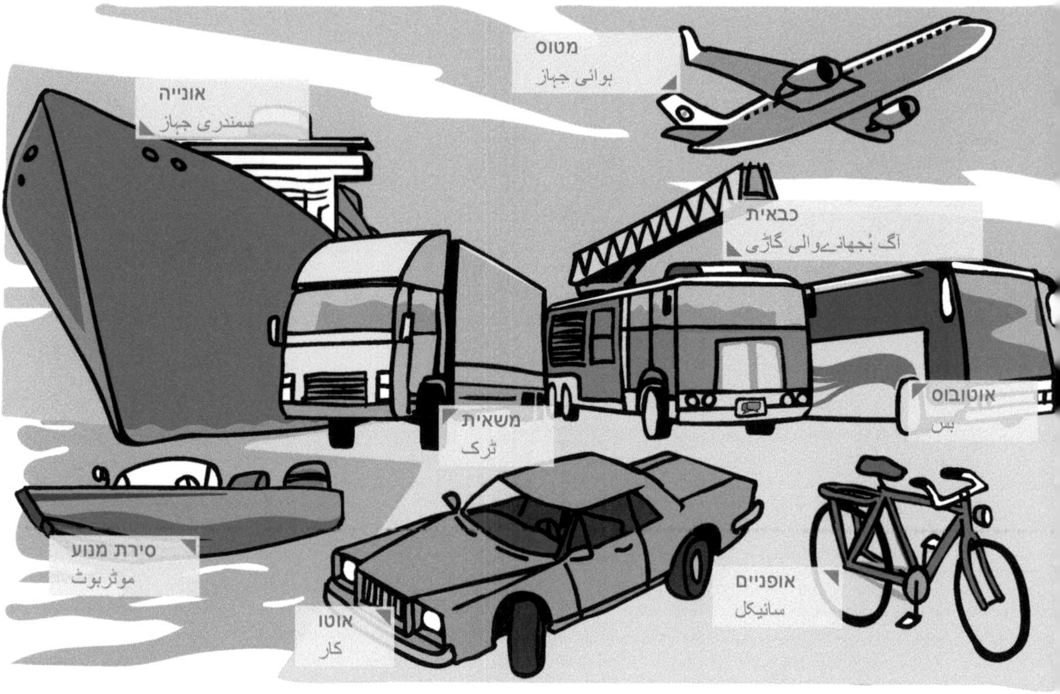

מטוס
ہوائی جہاز
אונייה
سمندری جہاز
כבאית
آگ بُجھانےوالی گاڑی
אוטובוס
بس
משאית
ٹرک
סירת מנוע
موٹربوٹ
אופניים
سائیکل
אוטו
کار

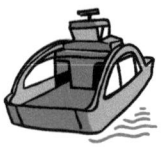

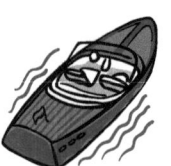

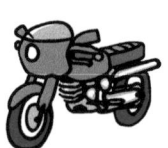

אופנוע
....
موٹرسائیکل

סירה
....
کشتی

מעבורת
....
فیری

רכב שכור
....
کرایہ پرکار

מכונית מרוץ
....
ریسنگ کار

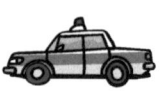

ניידת משטרה
....
پولیس کار

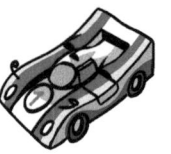

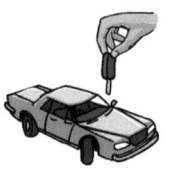

משאית זבל

کوڑے والا ٹرک

אוטו גרר

کھینچنے والا ٹرک

מכוניות בשיתוף

کارکا اشتراک کرنا

תחנת דלק

پٹرول اسٹیشن

דלק

ایندھن

מנוע

کار

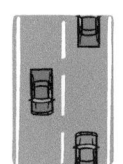

פקק תנועה

ٹریفک جام

תנועה

ٹریفک

תמרור

ٹریفک کے نشانات

פסי רכבת

پٹڑیاں

תחנת רכבת

ٹرین اسٹیشن

חניה

کارپارک

קרון

ویگن

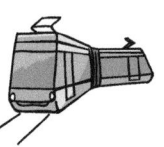

רכבת קלה

ٹرام

רכבת

ٹرین

מגדל

ٹاور

שדה-תעופה

ائرپورٹ

מסוק

ہیلی کاپٹر

קרטון

ڈبہ

קונטיינר

کنٹینر

נוסע

مسافر

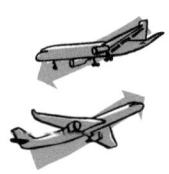

המראה / נחיתה

اُڑان بھرنا / زمین پراُترنا

סל

ٹوکری

עגלה

ریڑھا

עיר

شہر

בית

مکان

מרכז העיר

سٹی سنٹر

כפר

گاؤں

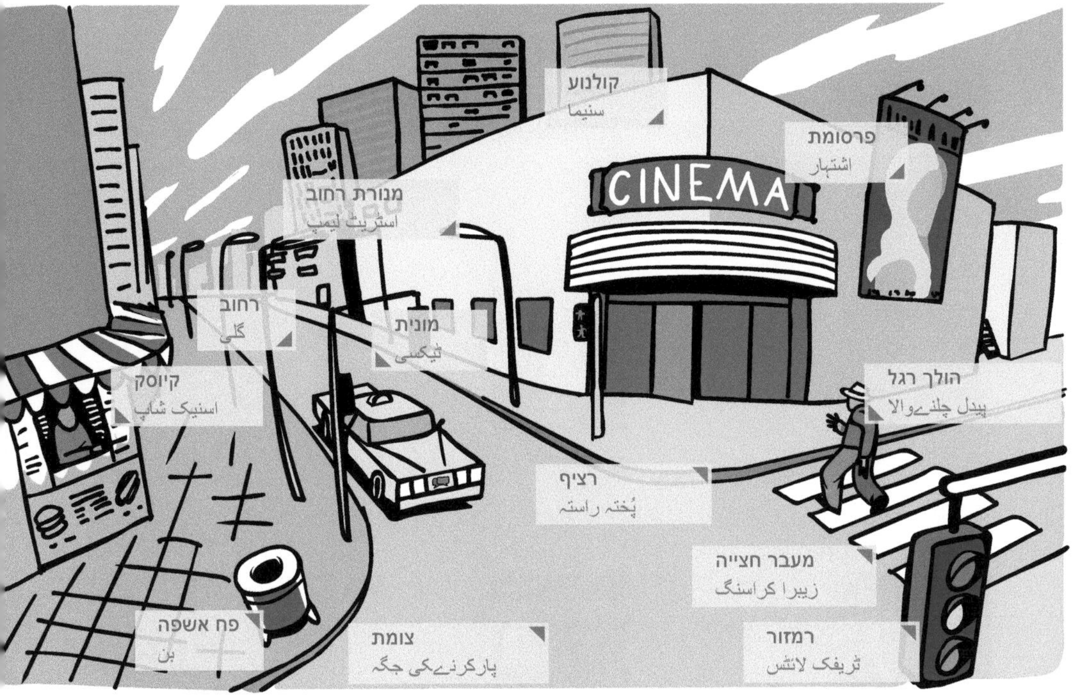

קולנוע
سنیما
CINEMA
פרסומת
اشتہار
מנורת רחוב
اسٹریٹ لیمپ
רחוב
گلی
מונית
ٹیکسی
קיוסק
اسنیک شاپ
הולך רגל
پیدل چلنے والا
רציף
پُختہ راستہ
מעבר חצייה
زیبرا کراسنگ
פח אשפה
بن
צומת
پارکرنے کی جگہ
רמזור
ٹریفک لائٹس

תחנת רכבת

ٹرین اسٹیشن

דירה

فلیٹ

בקתה

ہٹ

בית ספר

اسکول

מוזיאון

عجائب گھر

עירייה

ٹاؤن ہال

בית חולים

ہسپتال

בנק

بینک

אוניברסיטה

یونیورسٹی

משרד

دفتر

בית מרקחת

فارمیسی

מלון

ہوٹل

חנות פרחים

پھولوں کی دُکان

חנות

دکان

חנות ספרים

کتابوں کی دکان

כל-בו

ڈیپارٹمنٹ سٹور

שוק

مارکیٹ

סופרמרקט

سُپرمارکیٹ

נמל

بندرگاہ

קניון

شاپنگ سنٹر

מוכר דגים

مچھلی کی دُکان

גשר

پُل

ספסל

بنچ

פארק

پارک

מנהרה

سرُنگ

רכבת תחתית

انڈرگراؤنڈ

מדרגות

سیڑھیاں

מסעדה

ریسٹورنٹ

בר

شراب خانہ

תחנת אוטובוס

بس اسٹاپ

מדחן

پارکنگ میٹر

שלט רחוב

اسٹریٹ سائن

תא דואר

پوسٹ باکس

מסגד

مسجد

בריכת שחיה

سوئمنگ پول

גן חיות

چڑیا گھر

בית עלמין

قبرستان

זיהום

آلودگی

חווה

کھیت

בית מקדש

مندر

מגרש משחקים

کھیل کا میدان

כנסייה

چرچ

נוף
منظر

עלה
پتہ
תמרור
رہنمائی کے لئے لگا ہوا بورڈ
דרך
راستہ
מרעה
سبزہ زار
אבן
پتھر
מטייל
پیدل چلنے والا، ہائکر
עץ
درخت
נהר
دریا
דשא
گھاس
פרח
پھول

אגם

جھیل

הר

پہاڑی

בקעה

وادی

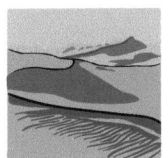

הר געש

آتش فشاں

מדבר

صحرا

יער

جنگل

פטריה

کھمبی

קשת בענן

قوس قزح

טירה

قلعہ

זבוב

مکھی

יתוש

مچھر

דקל

کجھورکا درخت

עכביש

مکڑا

דבורה

مکھی

נמלה

چیونٹی

סנאי

گلہری

צפרדע

مینڈک

חיפושית

بھونرا

ינשוף

اُلو

ארנב

خرگوش

קיפוד

خارپُشت

חזיר בר

سؤر

ברבור

راج ہنس

ציפור

پرندہ

סכר

ڈیم

אייל הקורא

امریکی بارہ سنگھا

צבי

ہرن

אקלים

آب وہوا

פנל סולארי

سولرپینل

טורבינת רוח

ہوا سےچلنےوالی ٹربائین

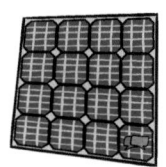

מסעדה

ریسٹورنٹ

מלצר
ویٹر
תפריט
مینیو
כסא
کُرسی
מרק
سوپ
פיצה
پیزا
סכו"ם
کٹلری
מפת שולחן
ٹیبل کلاتھ

מנת פתיחה

سٹارٹر

מנה עיקרית

مین کورس

קינוח

ڈیزرٹ

שתיות

مشروبات

אוכל

کھانےکی اشیاء

בקבוק

بوتل

קנקן תה

چائےدانی

אוכל רחוב

اسٹریٹ فوڈ

מזון מהיר

فاسٹ فوڈ

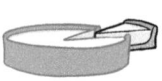

מכונת אספרסו

ایسپریسو مشین

מנה

حصہ

מסכרת

شوگرباکس

מגש

ٹرے

חשבון

بل

כסא תינוק

اونچی کُرسی

כף

چمچ

מזלג

کانٹا

סכין

چھُری

כוס

شیشہ

מפית

سرویئیٹی

כפית

چائےکا چمچ

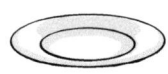

תחתית

....

طشتری

קערת מרק

....

سوپ پلیٹ

צלחת

....

پلیٹ

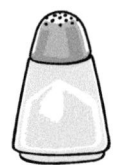

מטחנת פלפל

....

پیپرمل

מלחייה

....

سالٹ شیکر

רוטב

....

چٹنی

תבלינים

....

مصالحے

שמן

....

خوردنی تیل

חומץ

....

سرکہ

מיונז

....

میئونیز

חרדל

....

سرسوں

קטשופ

....

کیچپ

סופרמרקט

سُپرمارکیٹ

מבצע
خصوصی پیشکش
לקוח
گاہک
מוצרי חלב
ڈیری
פירות
پھل
עגלת קניות
ٹرالی

אטליז

گوشت کی دُکان

מאפייה

بیکری

שקל

وزن کرنا

ירקות

سبزیاں

בשר

گوشت

מזון קפוא

جما ہوا کھانا

אבקת כביסה

واشنگ پاؤڈر

שימורים

ڈبےمیں بند کھانا

בשר קר

کولڈ کٹس

חומר ניקוי

صاف کرنےکیلئےمصنوعات

מוצרי בית

گھریلو مصنوعات

ממתקים

مٹھائیاں

קופאי

کیشئیر

קופה

کیش رجسٹر

מוכרת

سیلزپرسن

ארנק

بٹوہ

שעות פתיחה

اوقات کار

רשימת קניות

خریداری کی فہرست

שקית נילון

پلاسٹک کےتھیلے

תיק

تھیلا

כרטיס אשראי

کریڈٹ کارڈ

שתיות

مشروبات

חלב

دودھ

מיץ

جوس، رس

מים

پانی

בירה

بیئر

יין

وائن

קולה

کوک

תה

چائے

קקאו

کوکوآ

אלכוהול

الکوحل

קפוצ'ינו

کیپاچینو

אספרסו

ایسپریسو

קפה

کافی

אוכל

کھانےکی اشیاء

תפוז

مالٹا

תפוח

سیب

בננה

کیلا

גזר

گاجر

לימון

لیموں

אבטיח

خربوزہ

בצל

پیاز

במבוק

بانس

שום

لہسن

אטריות

نوڈلز

אגוזים

اخروٹ، بادام وغیرہ

פטריות

کھُمبی

ספגטי

اسپیگیٹی

אורז

چاول

סלט

سلاد

צ'יפס

چپس

צ'יפס

تلےگئےآلو

פיצה

پیزا

המבורגר

ہیم برگر

כריך

سینڈوچ

שניצל

کٹلیٹ

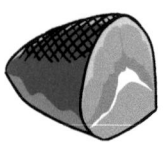

שינקין

سؤرکی ران کا گوشت

סלאמי

گوشت کی اطالوی ساسیج

נקניקיה

ساسیج

עוף

مُرغی

טיגון

روسٹ

דג

مچھلی

קורנפלקס

کارن فلیکس

מוזלי

میوزلی

שיבולת שועל

جئی کا دلیہ

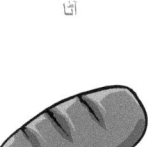

לחמנייה

بریڈ رول

קרואסון

کروئیسنٹ

קמח

آٹا

עוגיות

بسکٹ

טוסט

ٹوسٹ

לחם

بریڈ

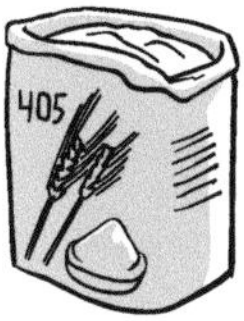

עוגה

کیک

גבינה לבנה

دہی

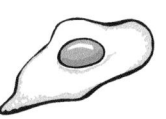

חמאה

مکھن

גבינה

پنیر

ביצת עין

فرائی کیا گیا انڈہ

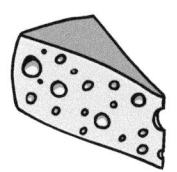

ביצה

انڈا

דבש

شہد

סוכר

چینی

גלידה

آئس کریم

קארי

سالن

ממרח נוגט

ناؤگٹ کریم

ריבה

جام

חווה
کھیت

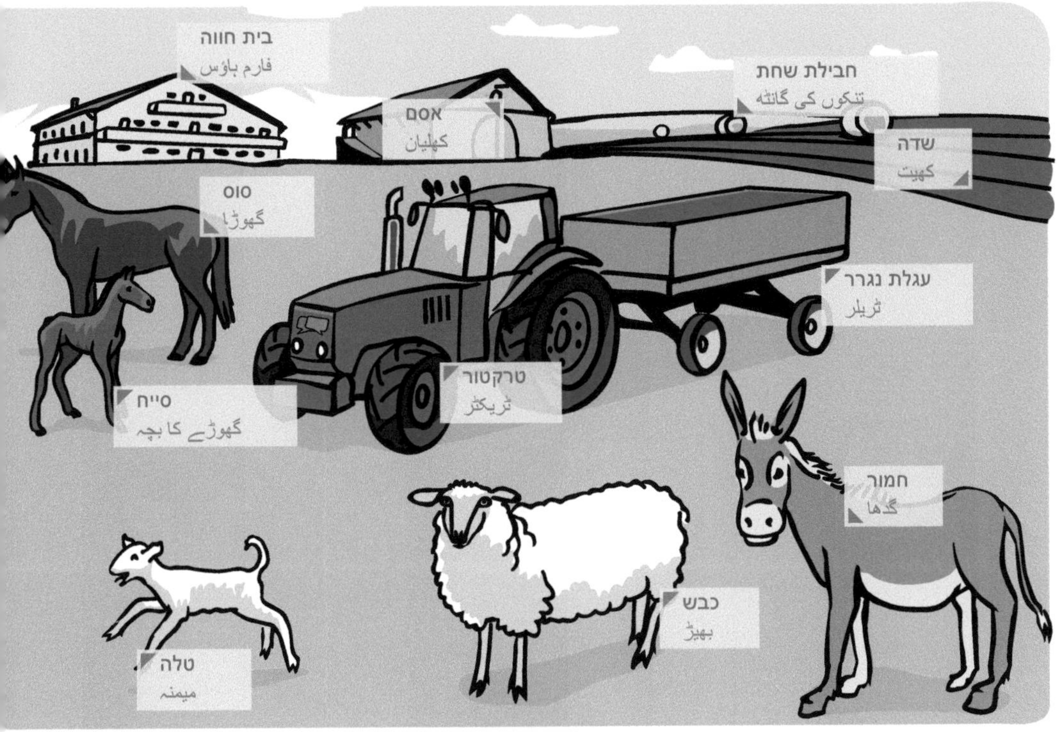

בית חווה
فارم ہاؤس
אסם
کھلیان
חבילת שחת
تنکوں کی گانٹھ
שדה
کھیت
סוס
گھوڑا
עגלת נגרר
ٹریلر
טרקטור
ٹریکٹر
סייח
گھوڑے کا بچہ
חמור
گدھا
כבש
بھیڑ
טלה
میمنہ

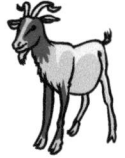

עגל
....
بچھڑا

פרה
....
گائے

עז
....
بکری

שור
....
سانڈ

חזרזיר
....
سؤر کا بچہ

חזיר
....
سؤر

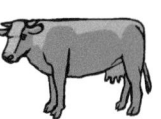

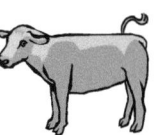

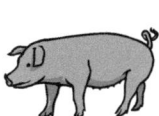

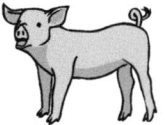

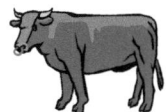

אפרוח

چوزہ

ברווז

بطخ

אווז

راج ہنس

חולדה

چوہا

תרנגול

مُرغا

תרנגולת

مُرغی

שור

بیلچہ

עכבר

چوہا

חתול

بلی

צינור השקיה

گارڈن ہاؤس

מלונה

کُتے کا گھر

כלב

کُتا

מחרשה

ہل

חרמש

درانتی

קנקן מים

پانی کا کین

קלשון

ترنگل

מגרפה

بیلچہ

מגל

درانتی

שוקת

حوض

מריצה

ہتہ گاڑی

גרזן

کلہاڑا

גדר

باڑ

שק

تھیلا

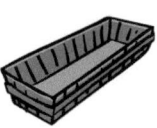

כד חלב

دودھ کا کین

אדמה

مٹی

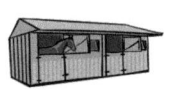

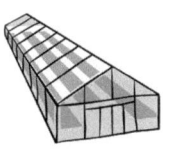

חממה

گرین ہاؤس

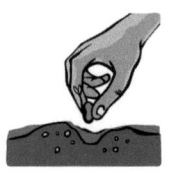

אורווה

اصطبل

מקצרה

کمبائن ہارویسٹر

דשן

فرٹیلائیزر

זרע

بیج

בטטה אפריקנית

افریقی آلو

קציר

فصل کاٹنا

קצר

فصل کاٹنا

תפוח אדמה

آلو

סויה

سویا

חיטה

گندم

עץ פירות

پھلداردرخت

קנולה

توریا کا تیل

תירס

مکئی

דגנים

دلیہ

קסבה

کساوا

בית
مکان

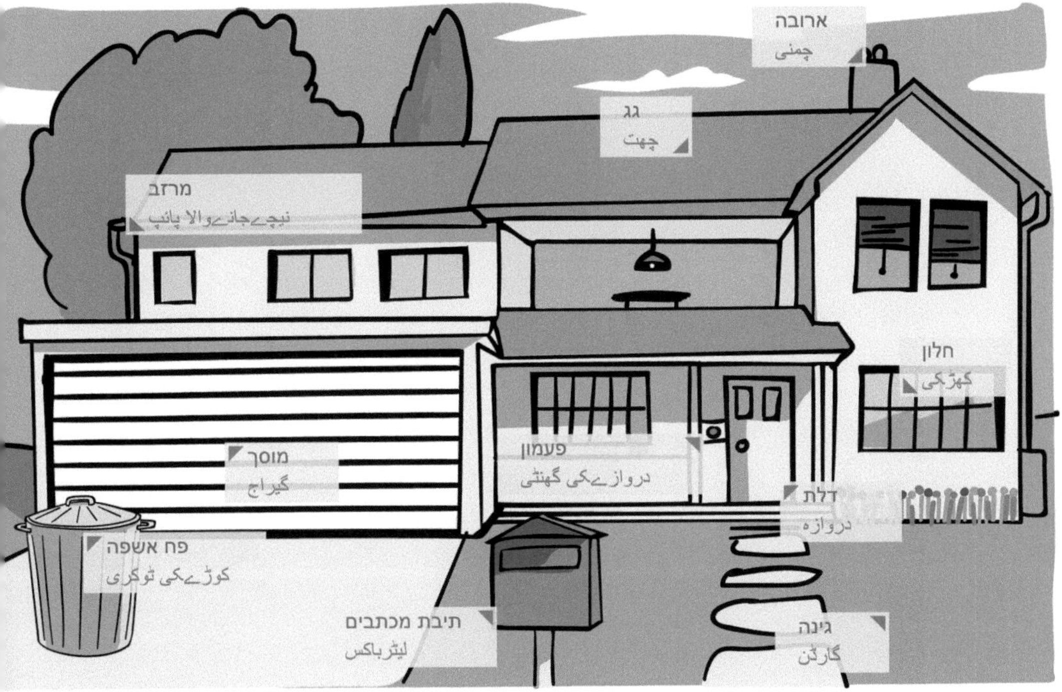

ארובה
چمنی
גג
چھت
מרזב
نیچے جانے والا پائپ
חלון
کھڑکی
פעמון
دروازے کی گھنٹی
מוסך
گیراج
דלת
دروازہ
פח אשפה
کوڑے کی ٹوکری
תיבת מכתבים
لیٹرباکس
גינה
گارڈن

מטבח

باورچی خانہ

חדר אמבטיה

غُسل خانہ

סלון

لوونگ روم

חדר אוכל

کھانے کا کمرہ

חדר ילדים

بچوں کا کمرہ

חדר שינה

بیڈروم

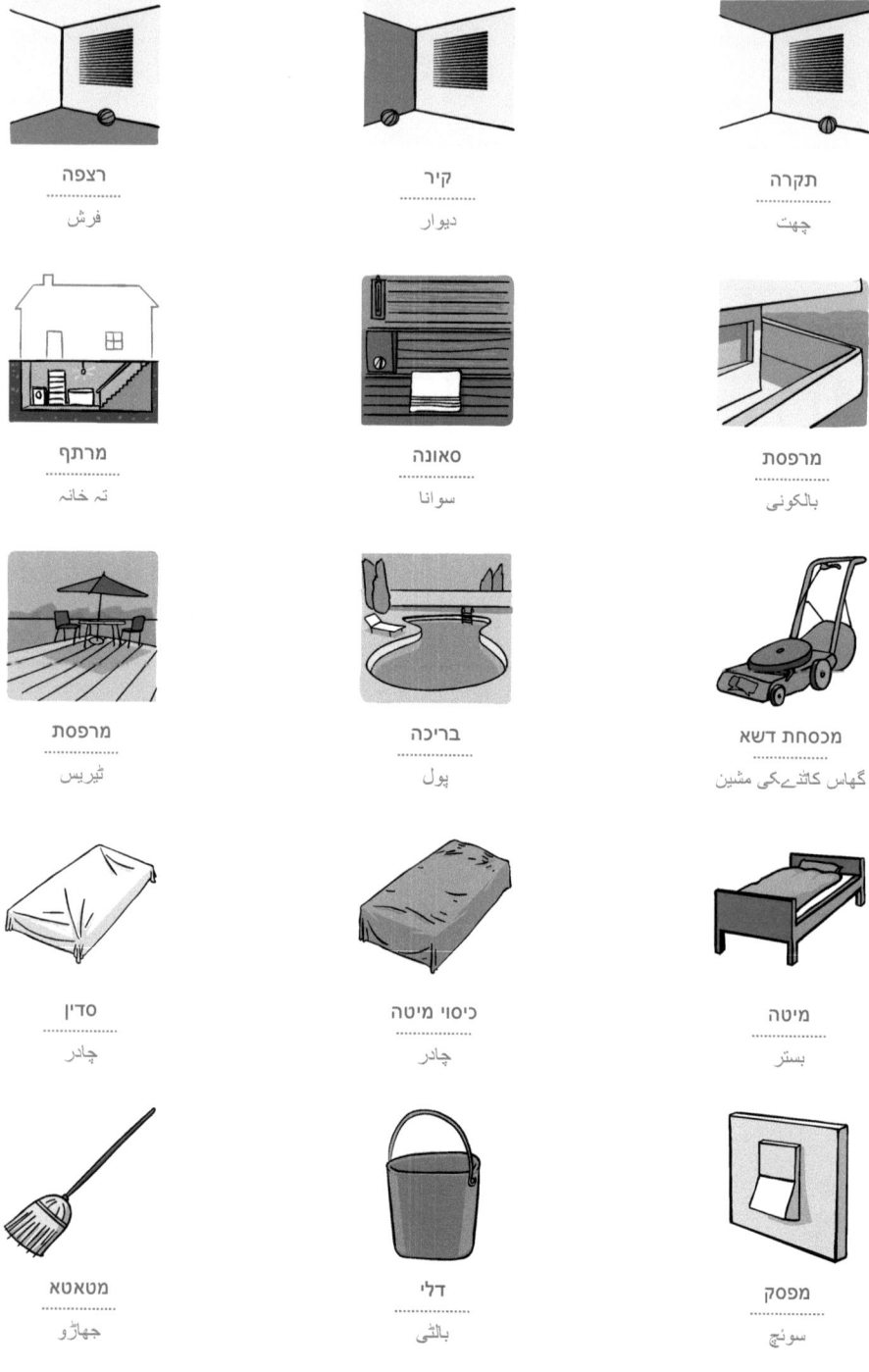

תקרה

چھت

קיר

دیوار

רצפה

فرش

מרפסת

بالکونی

סאונה

سوانا

מרתף

تہ خانہ

מכסחת דשא

گھاس کاٹنےکی مشین

בריכה

پول

מרפסת

ٹیریس

מיטה

بستر

כיסוי מיטה

چادر

סדין

چادر

מפסק

سوئچ

דלי

بالٹی

מטאטא

جھاڑو

סלון

لوونگ روم

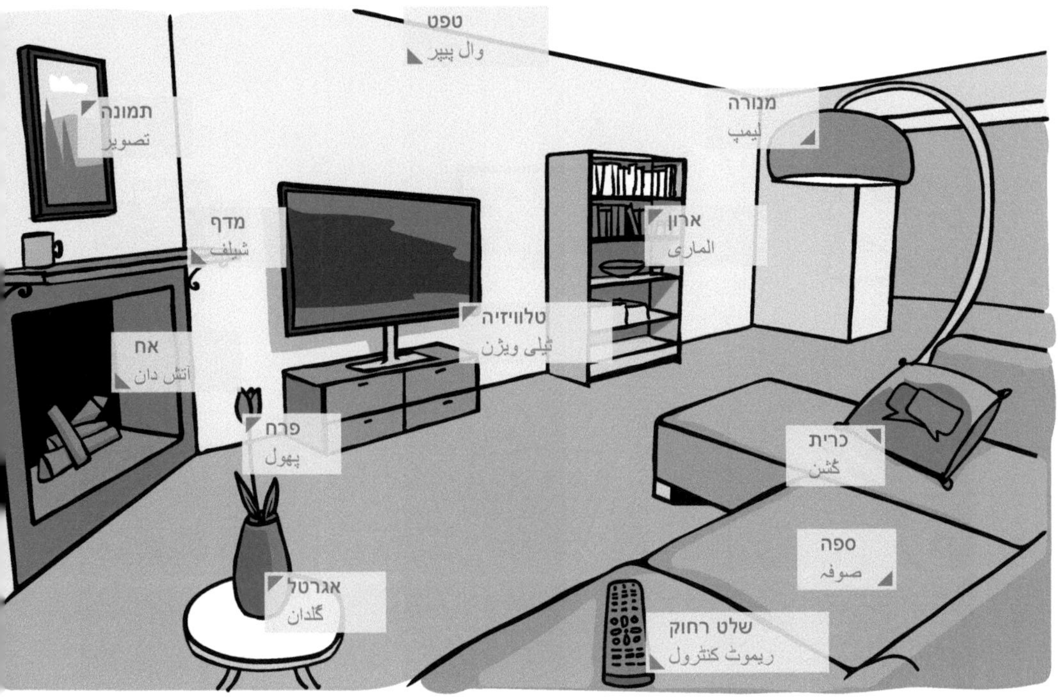

טפט
وال پیپر
תמונה
تصویر
מנורה
لیمپ
מדף
شیلف
ארון
الماری
טלוויזיה
ٹیلی ویژن
אח
آتش دان
פרח
پھول
כרית
ספה
صوفہ
אגרטל
گلدان
שלט רחוק
ریموٹ کنٹرول

שולחן

میز

וילון

پردے

שטיח

قالین

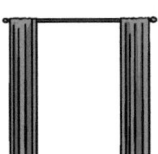

כורסה

آرام کُرسی

כיסא נדנדה

ہلنےوالی کُرسی

כסא

کُرسی

דקורציה

آرائش

שמיכה

کمبل

ספר

کتاب

מערכת סטריאו

ہائی فائی

סרט

فلم

עצי הסקה

جلانےکی لکڑی

ציור

پینٹنگ

עיתון

اخبار

מפתח

چابی

מחברת

نوٹ بُک

רדיו

ریڈیو

פוסטר

پوسٹر

נר

موم بتی

קקטוס

کیکٹس

שואב אבק

ویکیوم کلینر

מטבח

باورچی خانہ

מקרר
فرج
מיקרוגל
مائیکروویواوون
کچن اسکیل
טוסטר
ٹوسٹر
חומר ניקוי
کپڑے دھونے کا پاؤڈر
תנור
چولہا
מקפיא
فریزر
פח אשפה
کوڑے کی ٹوکری
מדיח כלים
ڈش واشر

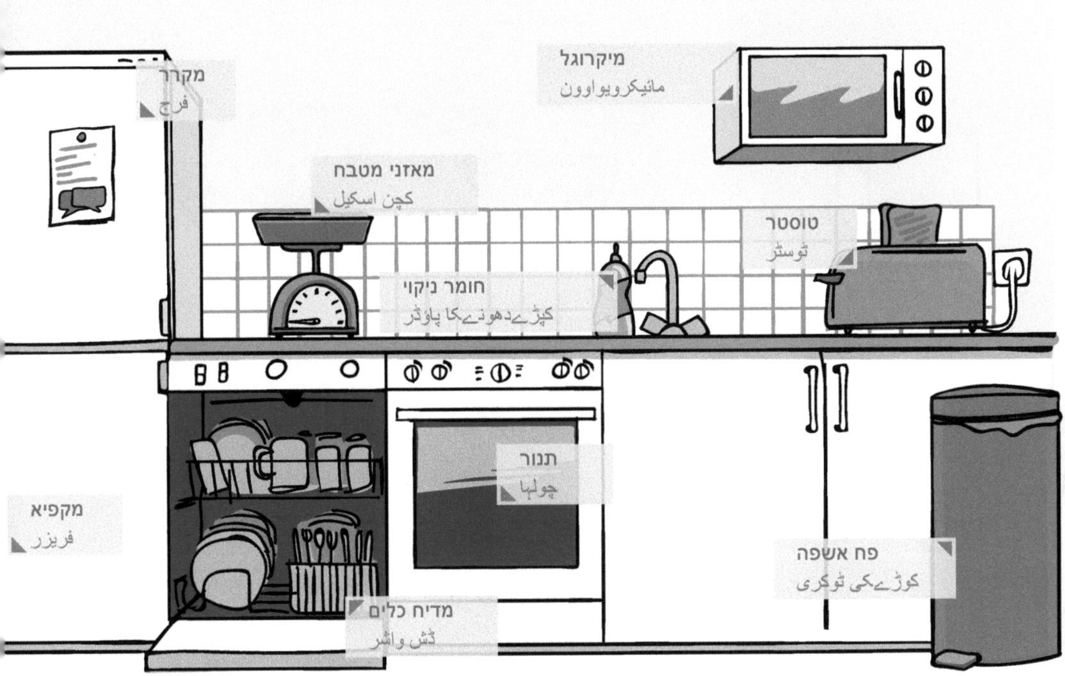

תנור

ککر

סיר

برتن

סיר ברזל

لوہے کا برتن

ווק

کڑاہی

מחבת

برتن

קומקום חשמלי

کیتلی

כלי אוכל

کراکری

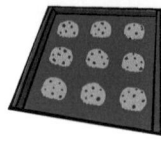

מגש אפייה

بیکنگ ٹرے

מאדה

اسٹیمر

צ'ופסטיקס

چاپ اسٹکس

קערה

پیالہ

ספל

مگ

מטרפה

جھاڑودینا

מרית

کفچہ

מצקת

ڈوئی

מגרדת

گریٹر

מסננת

چھلنی

מסננת בישול

مقطر

מדורה

کھُلی آگ

גריל

باربی کیو

מכתש

کونڈی

פותחן פקקים

کارک اسکریو

מערוך

بیلن

קרש חיתוך

چاپنگ بورڈ

מטלית

برتن پکڑنے والا کپڑا

פותחן קופסאות

کین اوپنر

פחית

کین

ספוג

اسپونج

מברשת

برش

כיור

سنک

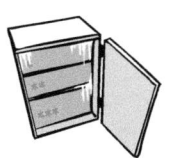

בקבוק לתינוק

بچے کی بوتل

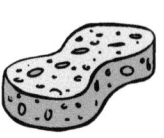

מקפיא

ڈیپ فریز

בלנדר

بلینڈر

ברז

ٹونٹی

חדר אמבטיה

غُسل خانہ

מקלחת
شاور
חימום
מגבת
تولیہ
וילון מקלחת
شاور کرٹن
אמבטיית קצף
ببل باتھ
אמבטיה
باتھ ٹب
כוס
شیشہ
מכונת כביסה
واشنگ مشین
ٹونٹی
אריחים
ٹائلیں
סיר לילה
پاٹی
כיור
سنک

בידה

نچلاحصہ دھونےکیلئےپاٹ

אסלת כריעה

دوزانوں بیٹھنےوالی ٹائلٹ

אסלה

ٹائلٹ

מברשת אסלה

ٹائلٹ برش

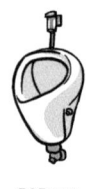

נייר טואלט

ٹائلٹ پیپر

משתנה

پیشاب گاہ

חוט דנטלי

ڈینٹل فلاس

משחת שיניים

ٹوتھ پیسٹ

מברשת שיניים

ٹوتھ برش

צינור שטיפה לשירותים

شاور

מקלחת יד

ہینڈ شاور

שטף

دھونا

סבון

صابن

מברשת גב

بیک برش

קערת רחצה

بیسن

ליפה

فلالین

שמפו

شیمپو

ג'ל רחצה

شاورجل

דיאודורנט

ڈیوڈورنٹ

קרם

کریم

ניקוז

ڈرین

סכין גילוח

ریزر

מראת יד

ہاتھ میں پکڑا جانے والا آئینہ

מראה

آئینہ

מסרק

کنگھی

אפטרשייב

آفٹرشیو

קצף גילוח

شیونگ فوم

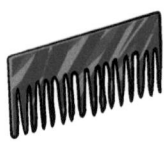

ספריי לשיער

ہیئراسپرے

מייבש שיער

ہیئرڈرائر

מברשת

برش

לק

نیل وارنش

שפתון

لپ اسٹک

איפור

میک اپ

בושם

پرفیوم

מספריים לציפורניים

ناخن کاٹنے کی قینچی

צמר גפן

روئی

משקל

وزن کرنے کی مشین

שרפרף

پاخانہ

תיק כלי רחצה

واش بیگ

טמפון

ٹیمپون

כפפות גומי

ربڑ کے دستانے

חלוק רחצה

باتھ روب

שירותים כימיקליים

کیمیکل ٹائلٹ

תחבושת סניטרית

سینیٹری ٹاول

חדר ילדים

بچوں کا کمرہ

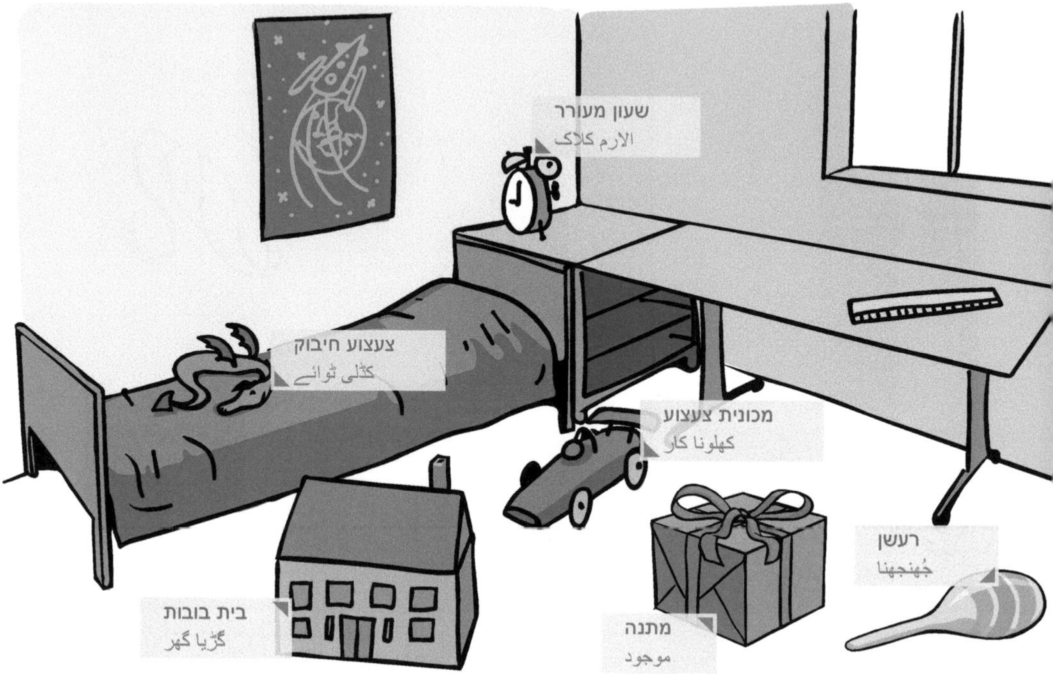

שעון מעורר
الارم کلاک
צעצוע חיבוק
کڈلی ٹوائے
מכונית צעצוע
کھلونا کار
רעשן
جُھنجھنا
בית בובות
گڑیا گھر
מתנה
موجود

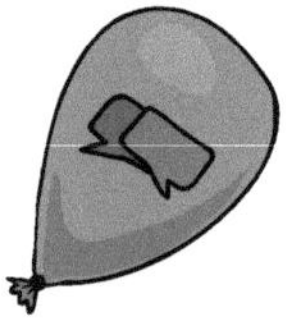

בלון

غبارہ

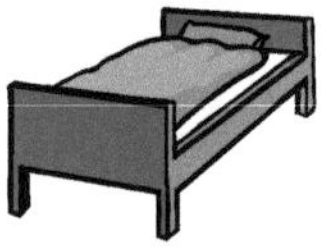

מיטה

بستر

עגלה

پرام

משחק קלפים

ڈیک آف کارڈز

פאזל

جگسا

קומיקס

کامک

דמות משחק

ایکشن فگر

קוביות משחק

کھلونا بلاکس

לגו

لیگوبرکس

נייד

کھلونا موبائل

פריזבי

فرسبی

סרבל תינוקות

بچےکا لباس

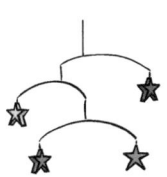

רכבת צעצוע

ماڈل ٹرین سیٹ

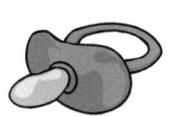

קוביה

ڈائس

משחק לוח

بورڈ گیم

אלבום תמונות

تصاویروالی کتاب

מסיבה

پارٹی

מוצץ

ڈمی

שיחק

کھیلنا

בובה

گڑیا

כדור

گیند

צעצועים

کھلونے

נדנדה

جھولا جھولنا

ארגז חול

سینڈ پٹ

דובון

ٹیڈی بیئر

אופניים תלת גלגלי

تین پہیوں والی سائیکل

קונסולת משחקים

وڈیوگیم کنسول

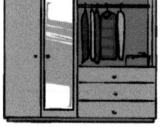

ארון בגדים

کپڑوں کی الماری

בגדים

لباس

גרביון

ٹائٹس

גרביונים

اسٹاکنگز

גרביים

موزے

צעיף
اسکارف

מטריה
چھتری

חולצת טי
ٹی شرٹ

חגורה
بیلٹ

נעלי ספורט
اسنیکرز

מגפיים
بوٹ

נעלי בית
سلیپر

סנדלים

سینڈل

נעליים

جوتے

מגפי גומי

ربڑکےبوٹس

תחתונים

زیرجامہ

חזייה

بریزئیر

וסט

واسکٹ

ג'ינס

جینز

מכנסיים

پتلون

גוף

جسم

חולצה

قمیض

חולצה מכופתרת

بلاؤز

חצאית

اسکرٹ

בלייזר

بلیزر

סווצ׳ר עם קפוצ׳ון

سویٹر

אפודה

پُل اوور

מעיל גשם

رین کوٹ

מעיל

کوٹ

ז'קט

جیکٹ

שמלת כלה

شادی کا لباس

שמלה

لباس

תלבושת

کوئی خاص لباس

פיג'מה

پائجامہ

כותונת לילה

نائٹ گاؤن

חליפה

سوٹ

טורבן

پگڑی

מטפחת ראש

سرپرلیا جانےوالا اسکارف

סארי

ساڑھی

עבאיה

عبایہ

קאפטן

کفتان

בורקה

بُرقع

מכנסיים קצרים

نیکر

בגד ים

ٹرنک

בגד ים

تیراکی کا سوٹ

כפפות

دستانے

סינר

اپرن

בגד אימון

ٹریک سوٹ

צמיד יד

کنگن

משקפיים

عینک

כפתור

بٹن

עגיל

کانوں کی بالیاں

טבעת

انگوٹھی

שרשרת

ہار

כובע

ہیٹ

קולב

کوٹ ہینگر

כובע

ٹوپی

קסדה

ہیلمٹ

רוכסן

زپ

עניבה

ٹائی

מדים

وردی

תלבושת בית ספר

سکول یونیفارم

כתפיות

بریسز

חיתול

نیپی

מוצץ

ڈمی

מפית אוכל

بب

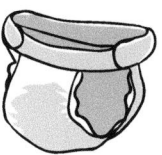

משרד

دفتر

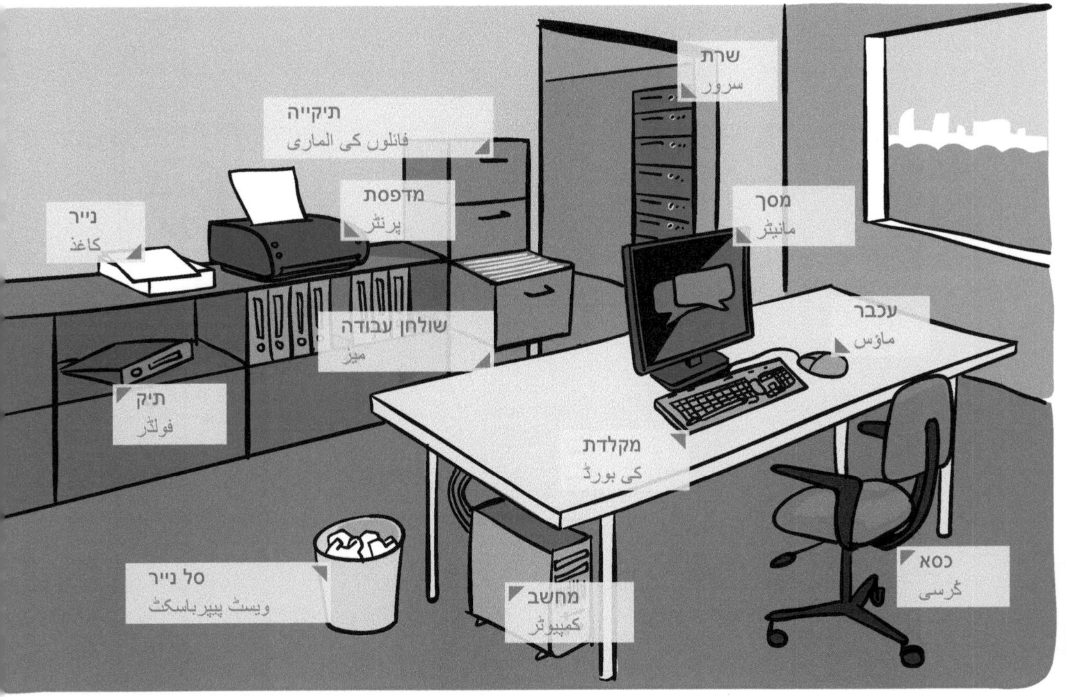

שרת
سرور
תיקייה
فائلوں کی الماری
מדפסת
پرنٹر
נייר
کاغذ
מסך
مانیٹر
עכבר
ماؤس
שולחן עבודה
میز
תיק
فولڈر
מקלדת
کی بورڈ
סל נייר
ویسٹ پیپرباسکٹ
מחשב
کمپیوٹر
כסא
کرسی

אינטרנט

انٹرنیٹ

מחשבון

کیلکولیٹر

ספל קפה

کافی مگ

הודעה

پیغام

מכתב

خط

מחשב נייד

لیپ ٹاپ

מכונת צילום

فوٹوکاپئیر

רשת

نیٹ ورک

נייד

موبائل

שקע

پلگ ساکٹ

טלפון

ٹیلی فون

תוכנה

سافٹ ویئر

מסמך

دستاویز

טופס

فارم

פקס

فیکس مشین

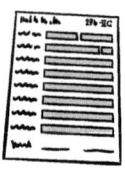

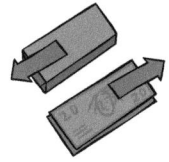

כלכלה
معیشت

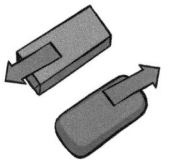

סחר

تجارت کرنا

שילם

ادائیگی کرنا

קנה

خریدنا

יורו

یورو

דולר

ڈالر

כסף

رقم

פרנק שווייצרי

سوئس فرانک

רובל

روبل

ין

ین

כספומט

کیش پوائنٹ

רופי

روپیہ

יואן רנמינבי

رینمنیبی یوآن

כסף

چاندی

זהב

سونا

המרת מטבע

رقم تبدیل کرانےکیلئےدفتر

מחיר

قیمت

אנרגיה

توانائی

נפט

خام تیل

מנייה

اسٹاک

מס

ٹیکس

חוזה

معاہدہ

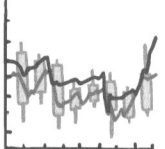

מעסיק

آجر

עובד

ملازم

עבד

کام کرنا

חנות

دکان

מפעל

فیکٹری

מקצועות
پیشے

שוטר
پولیس افسر
כבאי
فائرمین
טבח
خانساماں، گُک
רופא
ڈاکٹر
טייס
پائلٹ

תופרת
درزن

נגר
ترکھان

גנן
مالی

שחקן
اداکار

כימאי
کیمسٹ

שופט
جج

דייג

مچھیرا

נהג מונית

ٹیکسی ڈرائیور

נהג אוטובוס

بس ڈرائیور

מלצר

ویٹر

מתקן גגות

چھت بنانےوالا

עובדת נקיון

صفائی کرنےوالی عورت

אופה

بیکر

צייר

پینٹر

צייד

شکاری

מהנדס

انجینئیر

עובד בניין

بلڈر

חשמלאי

الیکٹریشین

דוור

ڈاکیا

אינסטלטור

پلمبر

קצב

قصائی

קופאי

کیشئیر

אדריכל

آرکیٹیکٹ

חייל

سپاہی

כרטיסן

کنڈکٹر

ספר

نائی

מוכר פרחים

پھول بیچنےوالا

רופא שיניים

ڈینٹسٹ

קברניט

کپتان

מכונאי

مکینک

אימאם

امام

רב

یہودی عالم

מדען

سائنسدان

כומר

پادری

נזיר

راہب

כלי עבודה

اوزار

צבת
پلائرز
פטיש
מברג
پیچ کس
מפתח ברגים
رینچ
פנס
ٹارچ

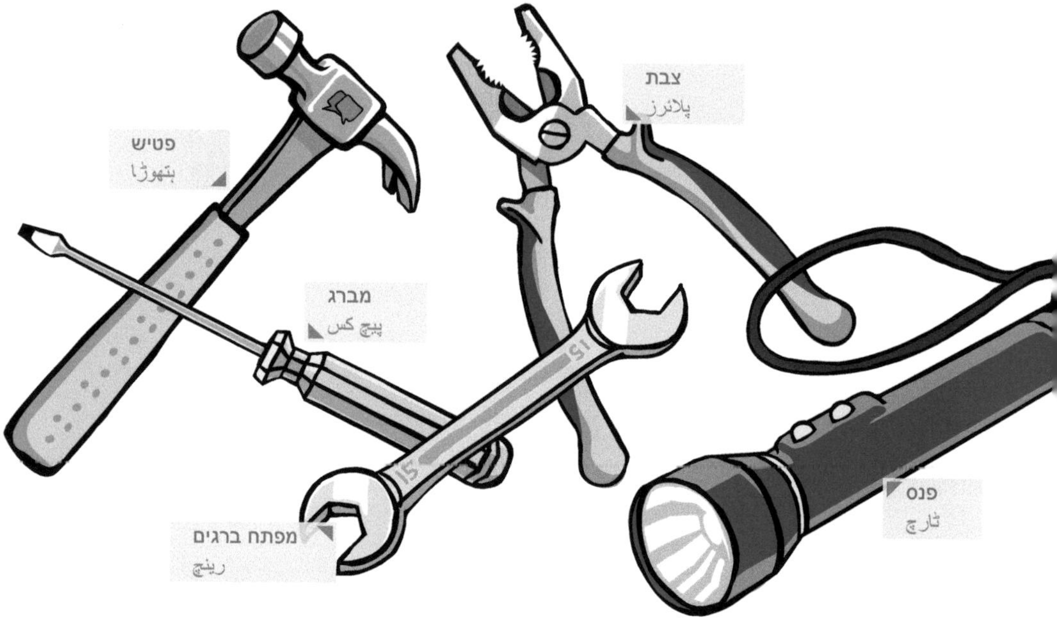

סולם

سیڑھی

ארגז כלים

ٹول باکس

דחפור

ایکسکویٹر

מקדחה

ڈرل

מסמרים

کیل

מסור

آری

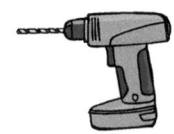

לעזאזל!

لعنت ہو!

את חפירה

بیلچہ

תיקן

مرمت کرنا

ברגים

پیچ

פח צבע

پینٹ پاٹ

יעה

ڈسٹ پین

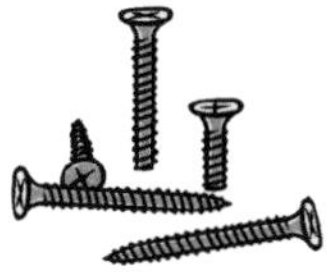

כלי נגינה

آلات موسیقی

רמקול
لاؤڈ اسپیکر
מערכת תופים
ڈرم سیٹ
גיטרה
گٹار
חצוצרה
بگل
קונטראבס
ڈبل باس

בס

موسیقی کی آواز

כינור

وائلن

פסנתר

پیانو

מקלדת פסנתר

کی بورڈ

תופים

ڈھول، ڈرمز

תוף הדוד

ٹمپانی

מיקרופון

مائیکروفون

חליל

بانسری

סקסופון

سیکسوفون

גן חיות

چڑیا گھر

כניסה
داخلے کا راستہ
נמר
چیتا
כלוב
پنجرہ
זברה
زیبرا
מזון לחיות
جانوروں کا چارہ
פנדה
پانڈا

בעלי חיים

جانور

פיל

ہاتھی

קנגרו

کینگرو

קרנף

گینڈا

גורילה

گوریلا

דוב

ریچھ

אריה

شیر

יען

شُترمُرغ

גמל

اونٹ

תוכי

طوطا

פלמינגו

فلیمنگو

קוף

بندر

כריש

شارک

פינגווין

کبوتر

דוב הקרח

قطبی ریچھ

תנין

مگرمچھ

נחש

سانپ

טווס

مور

יגואר

امریکی تیندوا

כלב ים

سیل

שומר גן החיות

چڑیا گھر کا محافظ

סוס פוני

ٹٹو

לאופרד

چیتا

היפופוטאם

دریائی گھوڑا

ג'ירפה

زرافہ

נשר

عقاب

חזיר בר

سؤر

דג

مچھلی

צב

کچھوا

סוס ים

سمندری گھوڑا

שועל

لومڑی

אײלה

غزال ہرن

ספורט

کھیلیں

פוטבול אמריקאי
امریکن فٹ بال
רכיבת אופניים
سائیکلنگ
טניס
ٹینس
כדורסל
باسکٹ بال
שחיה
پیراکی
הוקי
آئس ہاکی
אגרוף
باکسنگ

כדורגל

فٹ بال

בדמינטון

بیڈمنٹن

אתלטיקה

اتھلیٹکس

כדור-יד

ہینڈ بال

עשה סקי

اسکیئنگ

פולו

پولو

פעילויות
سرگرمیاں

צחק
ہنسنا
חיבק
گلے لگانا
چھلانگ
הלך
چلنا
שר
گانا
חלם
خواب دیکھنا
התפלל
دُعا کرنا
נשק
چُومنا

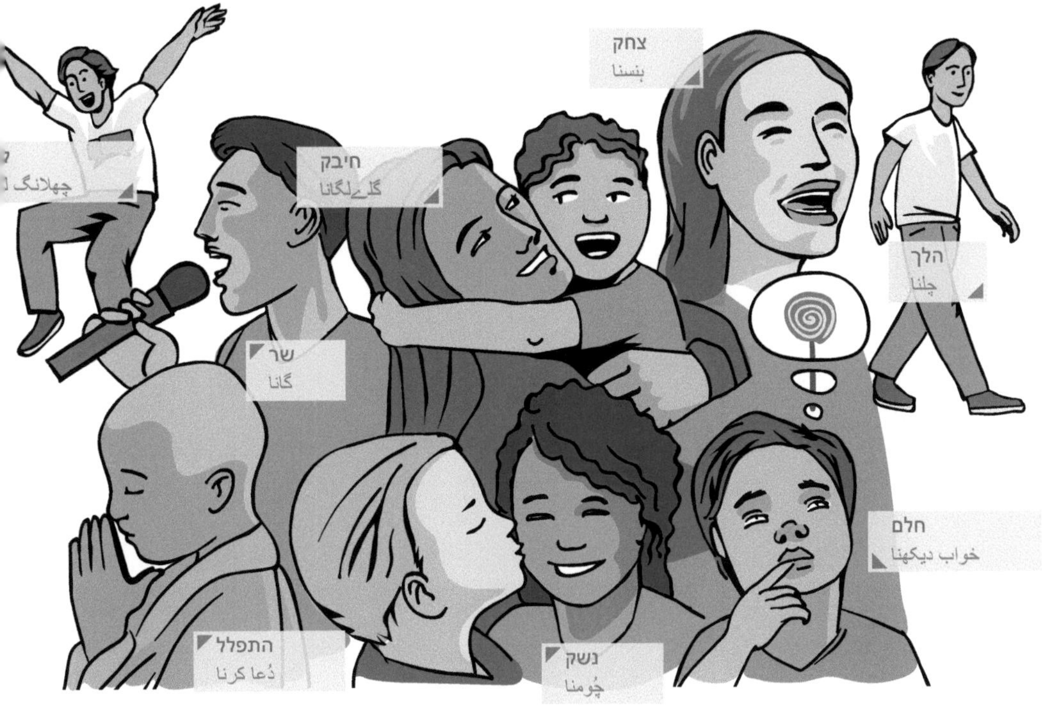

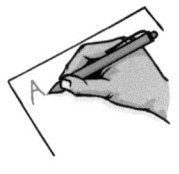

כתב
لکھنا

צייר
تصویرکشی کرنا

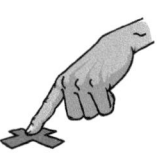

הראה
دکھانا

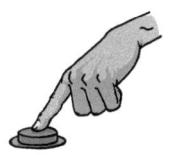

דחף
آگے کی طرف دھکیلنا

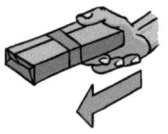

נתן
دینا

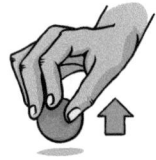

לקח
لینا

היה

ہونا

עשה

کرنا

יש / להיות הבעלים

رکھنا

משך

کھینچنا

רץ

دوڑنا

עמד

کھڑا ہونا

שכב

جھوٹ بولنا

נפל

گرنا

זרק

پھینکنا

ישב

بیٹھنا

סחב

اُٹھانا

חיכה

انتظار کرنا

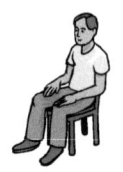

התעורר

جاگنا

ישן

سونا

התלבש

ملبوس ہونا

ליטף

چوٹ لگانا

בכה

رونا

הסתכל ב-

دیکھنا

הבין

سمجھنا

דיבר

بات کرنا

סירק

کنگھی کرنا

שתה

پینا

שמע

مُتوجہ ہونا

שאל

پوچھنا

אהב

پیارکرنا

סידר

صاف کرنا

אכל

کھانا

עף

اُڑنا

נהג

گاڑی چلانا

בישל

پکانا

שט

بحری سفرکرنا

חישב

شمارکریں

קרא

پڑھنا

למד

سیکھنا

עבד

کام کرنا

התחתן

شادی کرنا

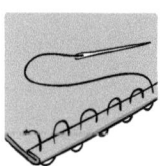

תפר

سینا

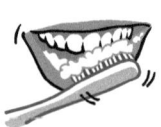

ציחצח שיניים

دانت صاف کرنا

הרג

جان سے ماردینا

עישן

تمباکونوشی کرنا

שלח

بھیجنا

סבתא
دادی

סבא
دادا

אבא
پپ

אימא
مان

תינוק
طفل

בת
بیٹی

בן
بیٹا

אורח
....
مہمان

דודה
....
چچی

דוד
....
چچا

אח
....
بھائی

אחות
....
بہن

גוף

جسم

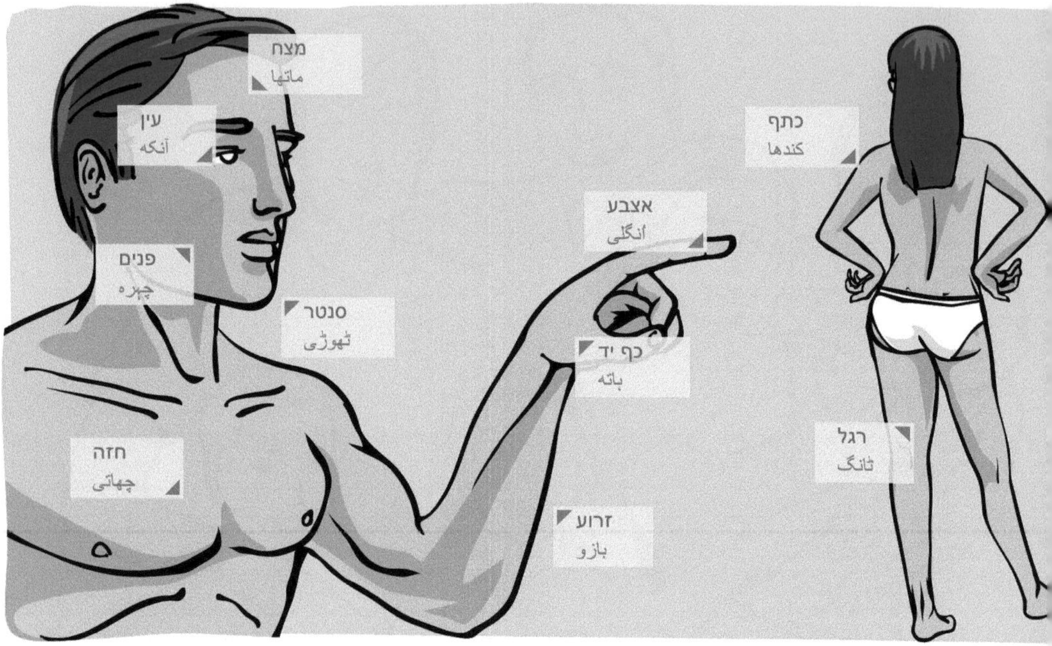

מצח
ماتھا
עין
آنکھ
כתף
کندھا
אצבע
اُنگلی
פנים
چہرہ
סנטר
ٹھوڑی
כף יד
ہاتھ
רגל
ٹانگ
חזה
چھاتی
זרוע
بازو

אישה

عورت

איש

آدمی

תינוק

طفل

ראש

سر

ילד

لڑکا

ילדה

لڑکی

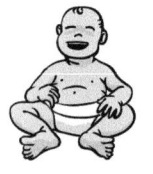

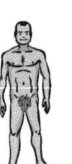

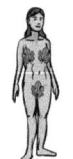

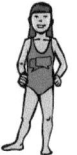

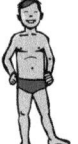

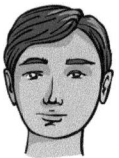

גב

کمر

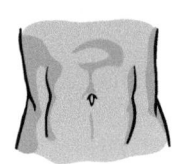

בטן

پیٹ

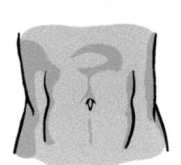

טבור

ناف

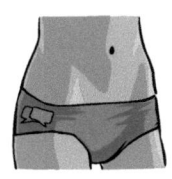

אצבע

پاؤں کا انگوٹھا

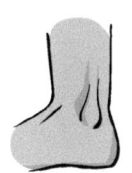

עקב

ایڑھی

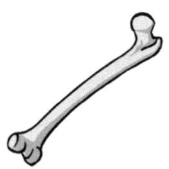

עצם

ہڈی

ירך

کولہا

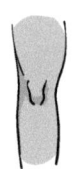

ברך

گھٹنا

מרפק

کہنی

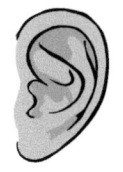

אף

ناک

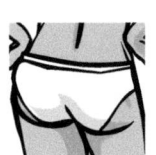

עכוז

نچلا حصہ

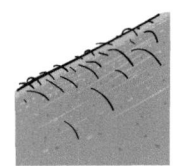

עור

جلد

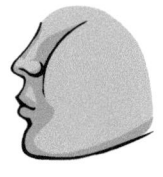

לחי

گال

אוזן

کان

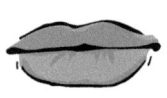

שפתיים

ہونٹ

לשון

زُبان

שן

دانت

פה

مُنہ

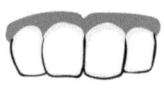

שריר

پٹھہ

לב

دل

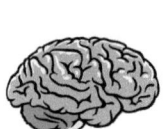

מוח

دماغ

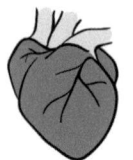

קיבה

معدہ

כבד

جگر

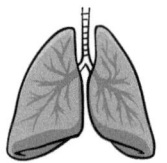

ריאה

پھیپھڑا

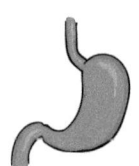

קונדום

کنڈوم

מין

جنس

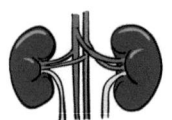

כליות

گردے

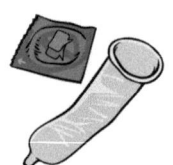

הריון

حمل

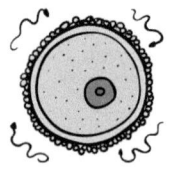

זרע

مادہ منویہ

ביצית

بیضہ

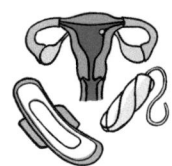

פין

عضوتناسل

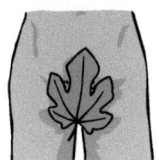

נרתיק

اندام نہانی

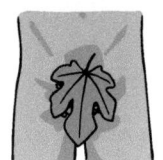

וסת

حیض

צוואר

گردن

שיער

بال

גבה

بھنویں

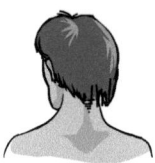

בית חולים

ہسپتال

ہسپتال
אמבולנס
ایمبولینس
כיסא גלגלים
وہیل چیئر
שבר
ہڈی ٹوٹنا

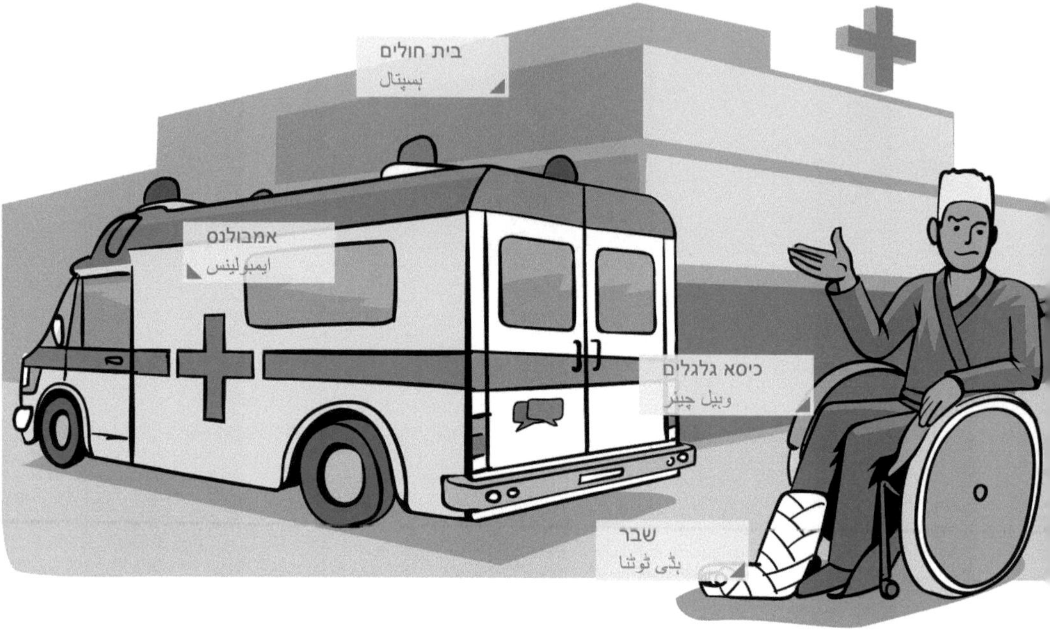

אחות

نرس

חדר מיון

ہنگامی کمرہ

רופא

ڈاکٹر

כאב

درد

חסר הכרה

بےہوش

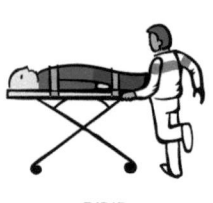

חירום

ہنگامی صورتحال

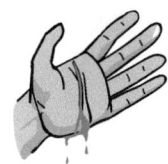

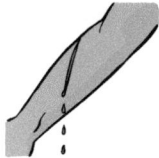

התקף לב

دل کا دورہ

דימום

خون بہنا

פציעה

زخم

שיעול

کھانسی

אלרגיה

الرجی

שבץ

فالج

שלשול

اسہال

שפעת

زکام

חום

بخار

סוכרת

ذیابیطس

סרטן

کینسر

כאב ראש

سردرد

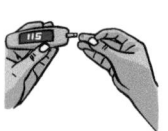

ניתוח

آپریشن

אזמל

نشتر

מנתח

سرجن

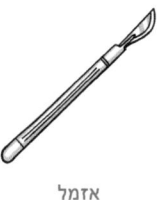

אולטרסאונד

الٹراساؤنڈ

רנטגן

ایکس رے

סי-טי

سی ٹی

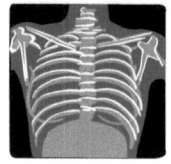

חדר המתנה

انتظارگاہ

מחלה

بیماری

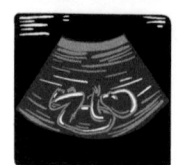

מסיכת פנים

چہرے کا نقاب

תחבושת

پٹی

פלסטר

پلاسٹر

קבה

بیساکھی

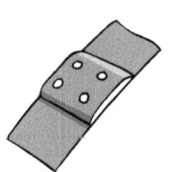

אלונקה

اسٹریچر

סטטוסקופ

اسٹیتھواسکوپ

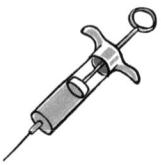

זריקה

انجکشن

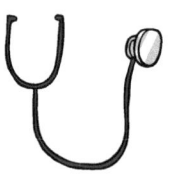

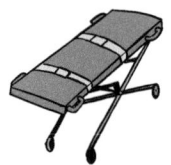

עודף משקל

حد سے زیادہ وزن

לידה

پیدائش

מד חום

مطبی تھرما میٹر

זיהום

انفیکشن

מחטא

جراثیم کش

מכשיר שמיעה

آلہ سماعت

תרופה

دوا

איידס

ایچ آئی وی/ ایڈز

נגיף

وائرس

גלולה

گولی

טבליות

گولیاں

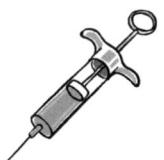

חיסון

ویکسی نیشن

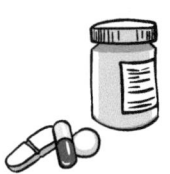

חולה / בריא

بیمار / صحتمند

מד לחץ דם

بلڈ پریشرمانیٹر

קריאת חירום

ہنگامی کال

חירום

ہنگامی صورتحال

פשיטה

مُجرمانہ حملہ

אזעקה

الارم

הצילו!

مدد!

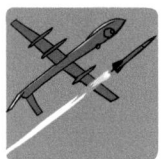

יציאת חירום

ہنگامی راستہ

סכנה

خطرہ

תקיפה

حملہ

תאונה

حادثہ

מטף כיבוי

آگ بُجھانے والا آلہ

אש!

آگ!

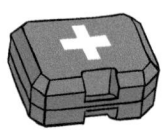

משטרה

پولیس

הצילו!

ایس او ایس

ערכת עזרה ראשונה

ابتدائی طبی امداد کی کٹ

כדור הארץ

زمین

דרום אמריקה

....

جنوبی امریکہ

צפון אמריקה

....

شمالی امریکہ

אירופה

....

یورپ

אוסטרליה

....

آسٹریلیا

אסיה

....

ایشیا

אפריקה

....

افریقہ

האוקיינוס ההודי

....

بحرہند

האוקיינוס השקט

....

بحرالکاہل

האוקיינוס האטלנטי

....

بحراوقیانوس

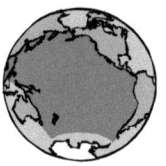

הקוטב הצפוני

....

قُطب شمالی

האוקיינוס הארקטי

....

بحرقُطب شمالی

האוקיינוס האנטרקטי

....

بحرقُطب جنوبی

כדור הארץ

زمین

אנטארקטיקה

انتارکتیکا

הקוטב הדרומי

قطب جنوبی

אי

جزیره

ים

سمندر

אדמה

زمین

מדינה

ریاست

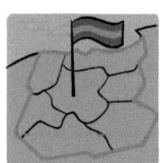

לאום

قوم

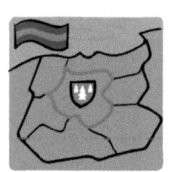

שעון
کلاک

מחוג הדקות

منٹوں والی سوئی

מחוג השעות

گھنٹوں والی سوئی

פני השעון

کلاک کا سامنے کا حصہ

יום

دن

מה השעה?

کیا وقت ہوا ہے؟

מחוג השניות

سیکنڈ ہینڈ

שעון דיגיטלי

ڈیجیٹل گھڑی

עכשיו

اب

זמן

وقت

שעה

گھنٹہ

דקה

منٹ

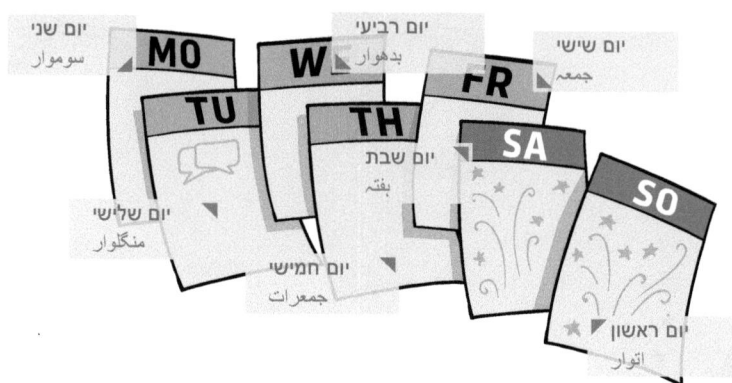

שבוע

ہفتہ

אתמול

گزرا کل

היום

آج

מחר

کل

בוקר

صبح

צהריים

دوپہر

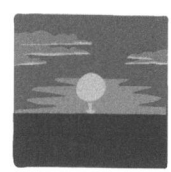

ערב

شام

ימי עבודה

کاروباری دن

סוף שבוע

ہفتے کا اختتام

שנה
سال

שלג
برف
רוח
קשת בענן
قوس قزح
גשם
بارش
סתיו
خزان
אביב
بهار
קיץ
موسم گرما
חורף
موسم سرما

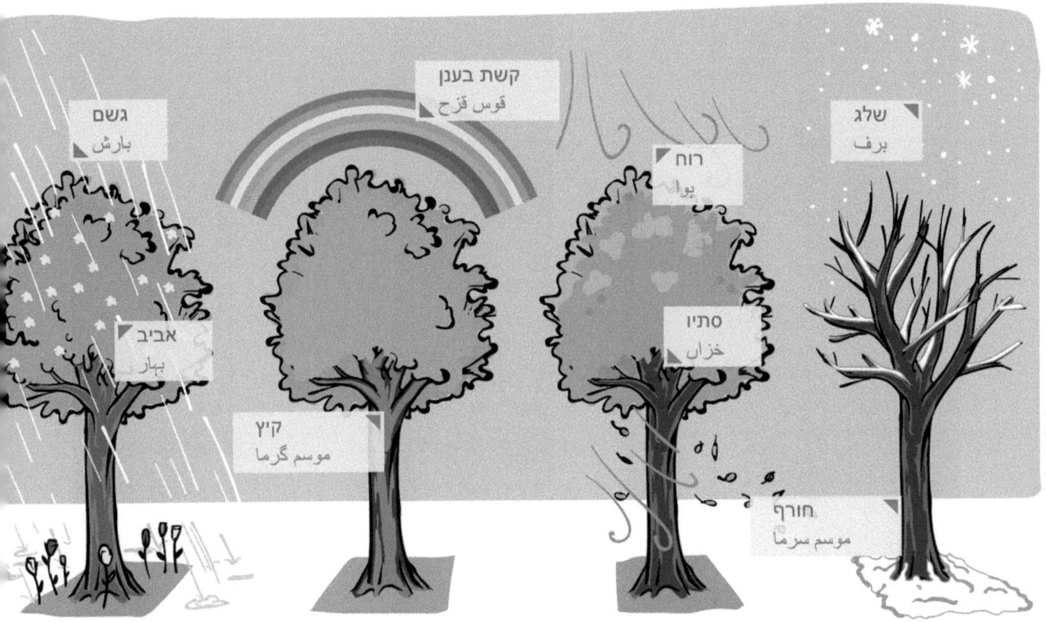

אור שמש

دهوپ

מד חום

تهرما میٹر

תחזית מזג האוויר

موسمی پیش گوئی

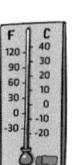

לחות

حبس

ערפל

دُهند

ענן

بادل

ברק
بجلی کوندھنا

רעם
بادلوں کی گرج

סערה
طوفان

ברד
ژالہ باری

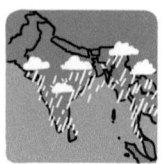

רוח עונתי
مون سون

שיטפון
سیلاب

קרח
برف

ינואר
جنوری

פברואר
فروری

מרץ
مارچ

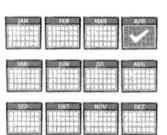

אפריל
اپریل

מאי
مئی

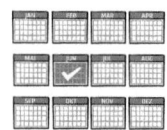

יוני
جون

יולי
جولائی

אוגוסט
اگست

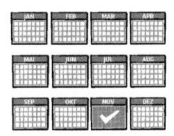

ספטמבר

ستمبر

אוקטובר

اكتوبر

נובמבר

نومبر

דצמבר

دسمبر

צורות

اشکال

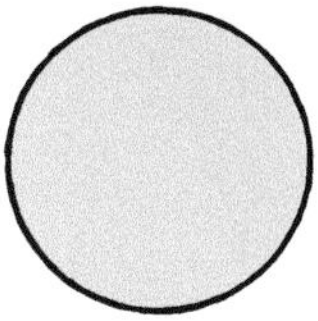

עיגול

دائره

מרובע

چوکور

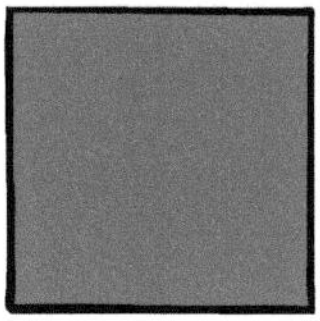

מלבן

مُستطیل

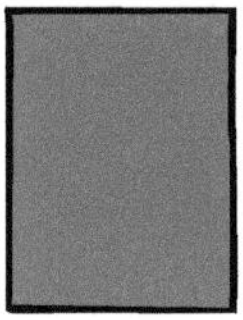

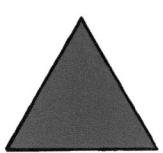

משולש

تکون

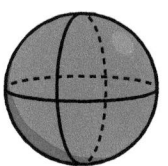

כדור

گره

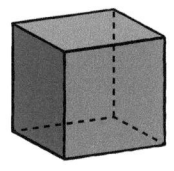

קובייה

مکعب

כתום

نارنجی

צהוב

پیلا

לבן

سفید

סגול

جامنی

אדום

سُرخ

ורוד

گلابی

חום

بهورا

ירוק

سبز

כחול

نیلا

שחור

سیاه

אפור

مٹیالا

יפה / מכוער

خوبصورت / بدصورت

כועס / רגוע

ناراض / پُرسکون

הרבה / מעט

بہت زیادہ / بہت کم

בהיר / כהה

روشن / اندھیرا

גדול / קטן

بڑا / چھوٹا

התחלה / סוף

آغاز / اختتام

שלם / חלקי

مکمل / نامکمل

נקי / מלוכלך

صاف / گندا

אח / אחות

بھائی / بہن

רחב / צר

چوڑا / تنگ

מת / חי

زندہ / مُردہ

יום /לילה

دن / رات

מתרגש / משועמם

پُرجوش / بوریت کا شکار

רשע / טוב לב

بُرا / اچھا

אכיל / לא אכיל

کھانےکےقابل ہونا / کھانےکےقابل نہ ہونا

חבר / אויב

دوست / دُشمن

ראשון / אחרון

پہلا / آخری

שמן / רזה

موٹا / دُبلا

כבד / קל

بوجھل / ہلکا

קשה / רך

سخت / نرم

מלא / ריק

بھرا ہوا / خالی

בלתי-חוקי / חוקי

غیرقانونی / قانونی

חולה / בריא

بیمار / صحتمند

רעב / צמא

بھوک / پیاس

קרוב / רחוק

نزدیک / دور

שמאל / ימין

بائیں / دائیں

נבון / טיפש

عقلمند / بیوقوف

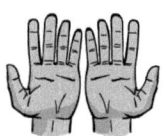

זקן / צעיר

بوڑھا / نوجوان

כלום / משהו

کچھ نہیں / کچھ ہے

חדש / משומש

نیا / پُرانا

שקט / רועש

خاموش / بُلند آواز

פתוח / סגור

کُھلا / بند

פעיל / כבוי

آن / آف

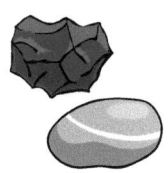

מחוספס / חלק

کھُردرا / ہموار

נכון / שגוי

ٹھیک / غلط

עשיר / עני

امیر / غریب

איטי / מהיר

آہستہ / تیز

קצר / ארוך

مُختصر / طویل

עצוב / שמח

افسردہ / خوش

מלחמה / שלום

جنگ / امن

חם / קר

گرم / ٹھنڈا

רטוב / יבש

گیلا / خُشک

מספרים
اعداد

0	אפס	صفر
1	אחת	ایک
2	שתיים	دو
3	שלוש	تین
4	ארבע	چار
5	חמש	پانچ
6	שש	چه
7	שבע	سات
8	שמונה	آٹه
9	תשע	نو
10	עשר	دس
11	אחת-עשרה	گیاره

12

שתים-עשרה

باره

13

שלוש-עשרה

تیره

14

ארבע-עשרה

چوده

15

חמש-עשרה

پندره

16

שש-עשרה

سولہ

17

שבע-עשרה

ستره

18

שמונה-עשרה

اٹھاره

19

תשע-עשרה

اُنیس

20

עשרים

بیس

100

מאה

سو

1.000

אלף

ہزار

1.000.000

מיליון

دس لاکھ

שפות

زبانیں

סינית מנדרינית

چینی مینڈارین

אנגלית אמריקאית

امریکی انگریزی

אנגלית

انگریزی

צרפתית

فرانسیسی

ספרדית

ہسپانوی

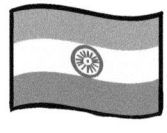

הודית

ہندی

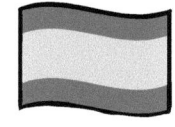

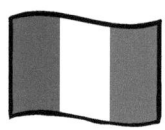

פורטוגזית

پُرتگالی

רוסית

روسی

ערבית

عربی

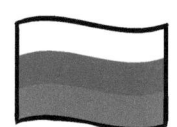

יפנית

جاپانی

גרמנית

جرمن

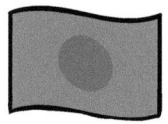

בנגלית

بنگالی

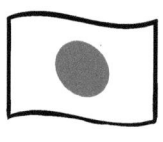

מי / מה / איך

کون / کیا / کیسے

הוא / היא / זה

....

وہ (لڑکا) / وہ (لڑکی) / یہ

אתה / את

....

تم

אני

....

میں

הם

....

وہ

אתם

....

تم

אנחנו

....

ہم

איך?

....

کیسے؟

מה?

....

کیا؟

מי?

....

کون؟

שם

....

نام

מתי?

....

کب؟

איפה?

....

کہاں؟

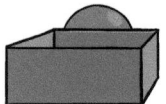

איפה

کہاں

לפני

کےسامنے

בתוך

میں

מאחור

پیچھے

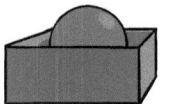

מתחת

نیچے

על

پر

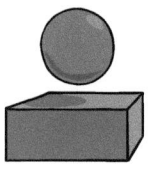

מעל

اوپر

מקום

جگہ

בין

درمیان

ליד

ساتھ

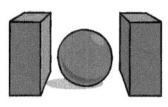